Norbert Pautner

TANGRAM DES Glücks

arsEdition

Glück ist keine Zauberei …

... aber oft ein wahrer *Zauberer!*

Auf sein Glück soll man zwar nicht *warten* …

... aber man kann vorbereitet sein.

Heiße das Glück willkommen ...

... du weißt nie, wie lange es *bleiben* wird.

Glück wohnt in der kleinsten Hütte.

»Klopf, klopf!« – »Herein!«

Für einen günstigen Wind ...

... braucht es ein glückliches Boot.

Wer sich *bückt* ...

... kann auch einen Glückspilz finden.

Glück macht auch die kleinsten Dinge ...

... riesengroß!

Glück ist kein *Kunststück.*

Doch es ist eine *Kunst,* sein Glück zu genießen.

Wer sein Glück im *Norden* nicht findet ...

... sucht es halt im Süden.

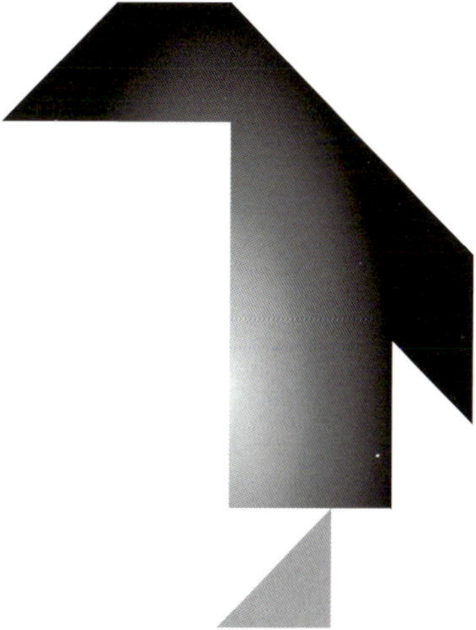

Glück ist meistens gut *versteckt* ...

... doch nie für lange Zeit.

Glück ist oft *sprunghaft* …

... und *zügellos!*

Ist dir das Glück *fremd* ...

... dann lerne seine *Sprache!*

Glück geht nie den *geraden* Weg ...

... und hat es selten *eilig*.

Man muss gar nicht so *schlau* sein ...

… um zu merken, wie *dumm*
das Glück doch sein kann.

Wer sein Glück *sucht* ...

… Glück nur bei sich selbst.

Wenn das Glück ein *Boot* wäre ...

... könnte es nicht schaden, ein wenig zu *rudern.*

Glück lässt sich nicht *zählen* ...

... nicht mal richtig buchstabieren.

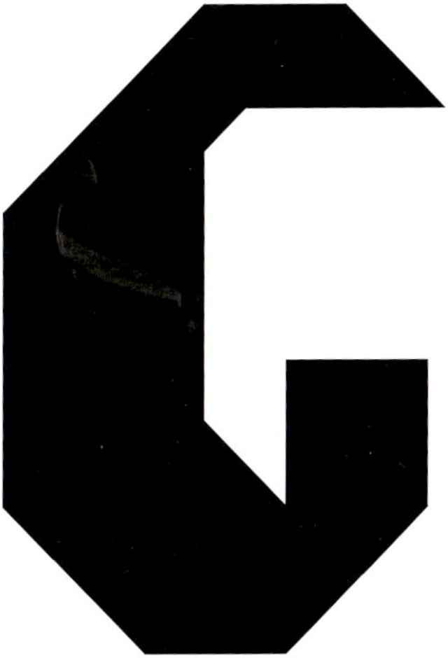

Manchmal kann man Glück auch essen ...

... trotzdem gibt es kein *Rezept*
für dieses Gericht.

Wenn *Hasenpfoten* Glücksbringer sind ...

... dann vor allem für die Hasen!

Ich wünsch dir: Viel Glück!

Lösungen

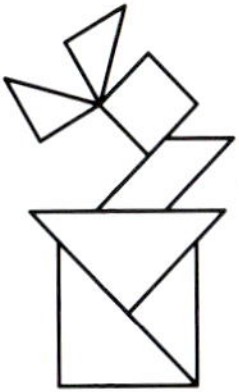

2: Hase im Zylinder

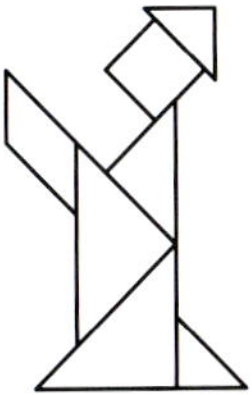

3: Zauberer

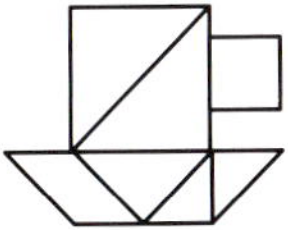

4: Teetasse

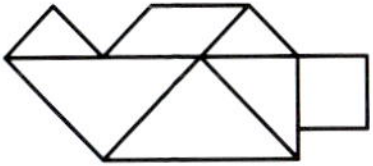

5: Teekanne

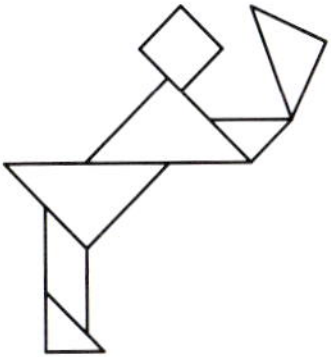

6: Begrüßung

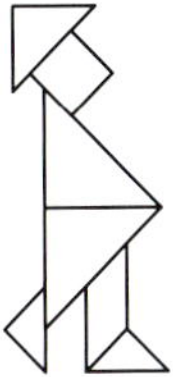

7: Gehender Mann

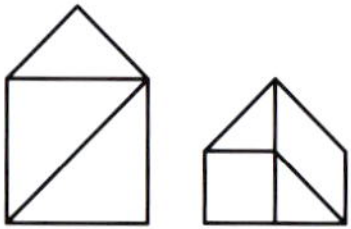

8: Zwei Häuser

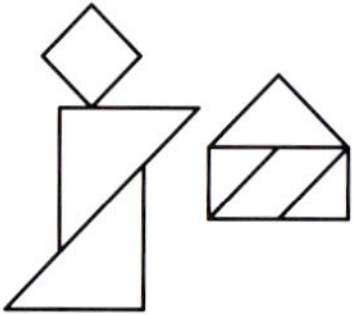

9: Anklopfen, Haus

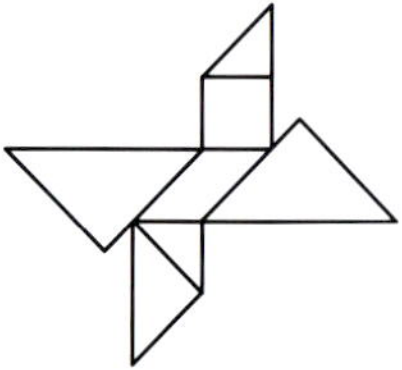

10: Windrad

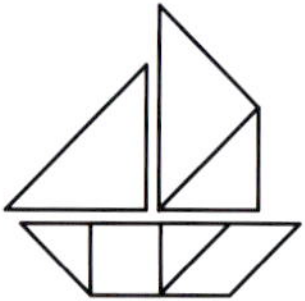

11: Segelboot

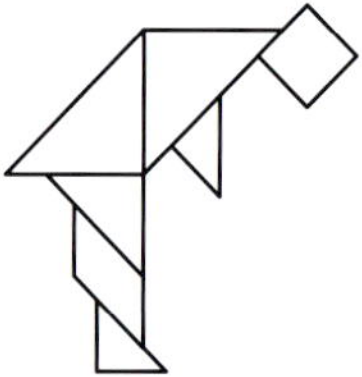

12: Sich bücken

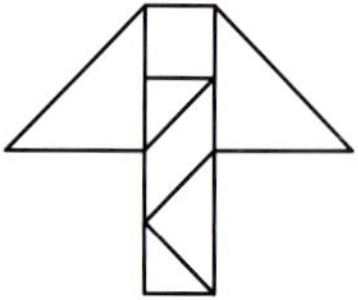

13: Pilz

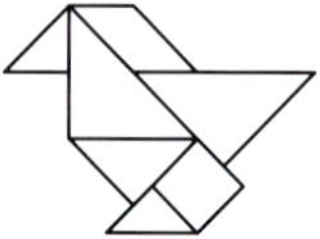

14: Spatz

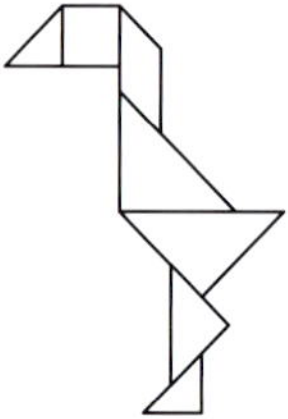

15: Reiher

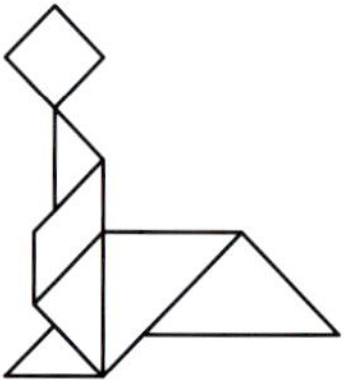

16: Seehund

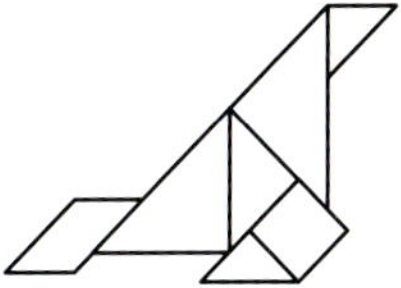
17: Seehund

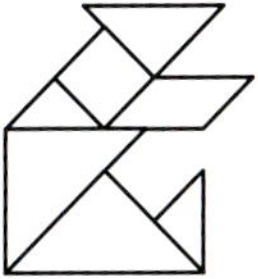
18: Eisbär

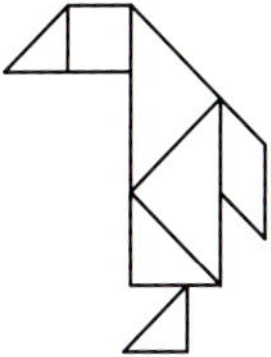
19: Pinguin

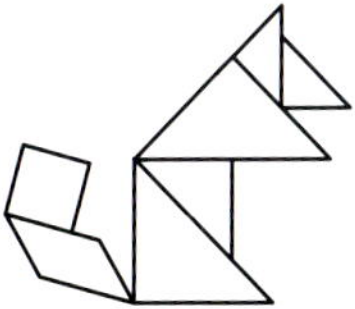
20: Eichhörnchen

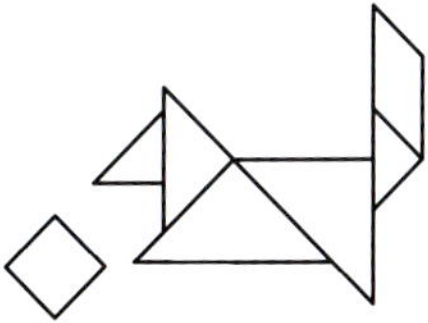
21: Eichhörnchen

22: Springreiter

23: Springreiter

24: Indianer

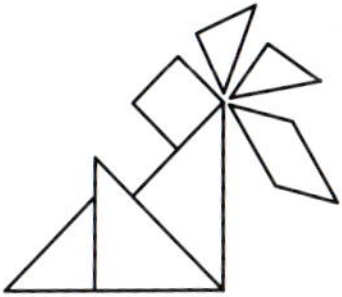
25: Indianer

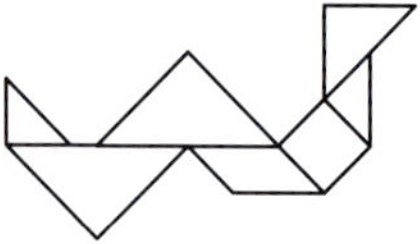

26: Schlange

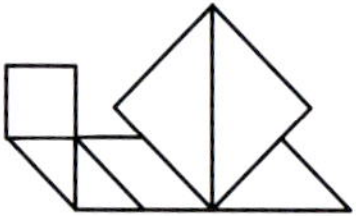

27: Schnecke

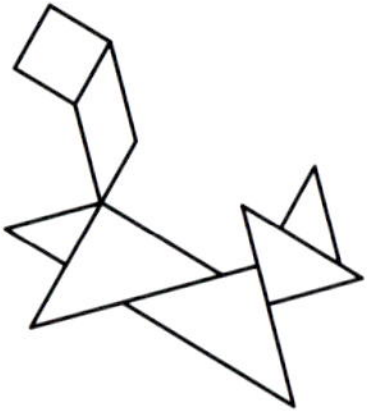

28: Fuchs

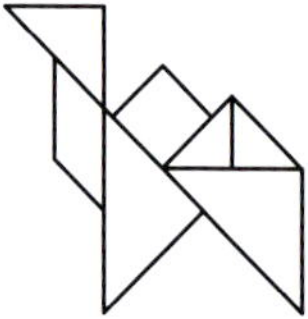

29: Kamel

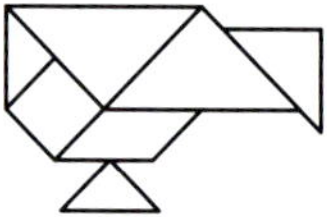

30: Huhn

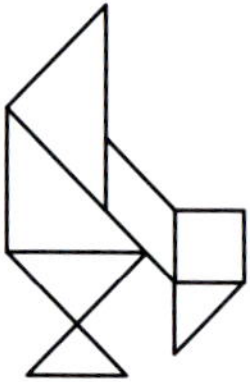

31: Huhn

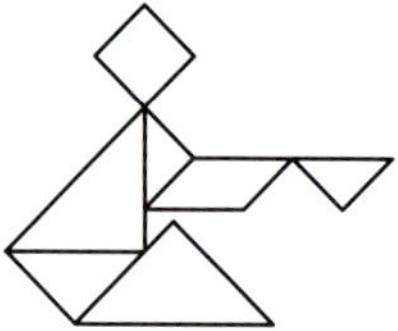

32: Bettler

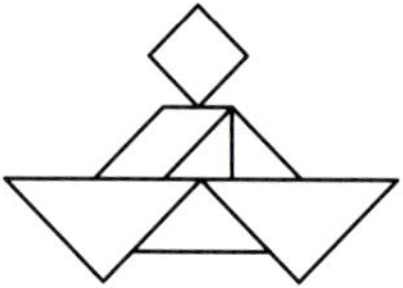

33: Zen-Mönch

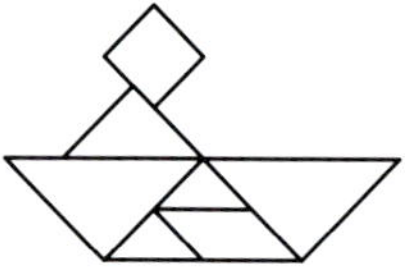

34: Mann im Boot

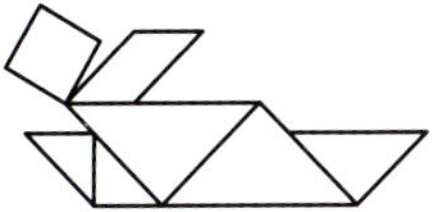

35: Rudern

36: Null

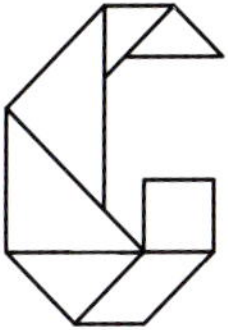

37: G (Buchstabe)

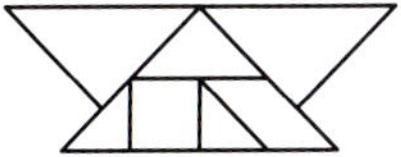

38: Teller

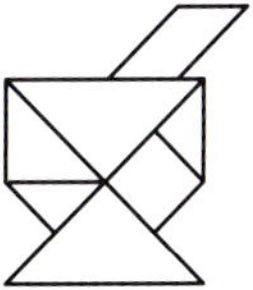

39: Kochtopf

40: Hase

41: Hase

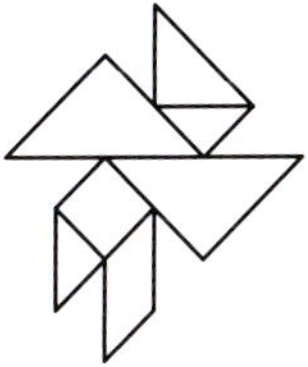

42: Kleeblatt

Gesamtgestaltung: Norbert Pautner

ISBN 978-3-7607-2934-3

www.arsedition.de